¿CÓMO ES EL DÍA DE LOS CONDUCTORES DE AUTOBUSES?

Emily Mahoney

Gareth Stevens
PUBLISHING

TRADUCIDO POR
NATZI VILCHIS

Please visit our website, www.garethstevens.com. For a free color catalog of all our high-quality books, call toll free 1-800-542-2595 or fax 1-877-542-2596.

Library of Congress Cataloging-in-Publication Data

Names: Mahoney, Emily Jankowski, author.
Title: ¿Cómo es el día de los conductores de autobuses? / Emily Mahoney.
Description: New York : Gareth Stevens Publishing, [2021] | Series: ¿A qué se dedican? | Includes bibliographical references and index. | Contents: An
   important job – Learning the routes – Inspecting the bus – Hitting
   the road – Special routes – End of the day – A busy day.
Identifiers: LCCN 2019045317 | ISBN 9781538261170 (library binding) | ISBN
   9781538261156 (paperback) | ISBN 9781538261163 (6 Pack) | ISBN 9781538261187   (ebook)
Subjects: LCSH: Bus drivers–Juvenile literature. | Bus driving–Juvenile
   literature. | CYAC: Bus drivers. | Bus driving.
Classification: LCC HD8039.M8 M45 2020 | DDC 388.3/22023–dc23
LC record available at https://lccn.loc.gov/2019045317

Published in 2021 by
Gareth Stevens Publishing
111 East 14th Street, Suite 349
New York, NY 10003

Copyright © 2021 Gareth Stevens Publishing

Translator: Natzi Vilchis
Editor, Spanish: Rossana Zúñiga
Designer: Laura Bowen

Photo credits: Series art Dima Polies/Shutterstock.com; cover, p. 1 cate_89/Shutterstock.com; pp. 5, 13 kali9/E+/Getty Images; p. 7 alejandrosoto/E+/
Getty Images; p. 9 Bob Noah/Shutterstock.com; p. 11 Stuart Monk/Shutterstock.com; p. 15 Syda Productions/Shutterstock.com; p. 17 Vadim Rodnev/Shutterstock.com;
p. 19 trezordia/Shutterstock.com; p. 21 kali9/iStock/Getty Images Plus/Getty Images.

Printed in the United States of America

Some of the images in this book illustrate individuals who are models. The depictions do not imply actual situations or events.

CPSIA compliance information: Batch #CS20GS: For further information contact Gareth Stevens, New York, New York, at 1-800-542-2595.

Find us on

CONTENIDO

Las palabras del glosario se muestran en **negrita** la primera vez que aparecen en el texto.

Un trabajo importante

¡Ser conductor de autobús es un trabajo importante! Llevar a las personas, de forma segura y **puntual,** a su destino es una gran **responsabilidad**. Un conductor de autobús debe saber cómo conducir un autobús grande. ¡También debe conocer su **ruta** y saludar a la gente con una sonrisa!

4

Aprenden la ruta

Un conductor de autobús debe aprender la ruta que conducirá y le tomará algún tiempo aprender las calles antes de conducir una ruta. Los conductores de autobuses escolares practican sus rutas y aprenden las paradas antes de comenzar el año escolar. ¡Así estarán listos el primer día de escuela!

Inspeccionan el autobús

Para asegurarse de que el autobús es seguro, los conductores deben **inspeccionar** la unidad.

Revisan los limpiaparabrisas, los frenos, las luces y los neumáticos para verificar que están en buenas condiciones. También comprueban el clima para estar preparados en caso de que haya nieve, lluvia o viento.

9

¡En camino!

Una vez revisado el autobús,
¡es hora de comenzar!
Los conductores de autobuses
escolares trasladan estudiantes.
Los conductores de autobuses
de la ciudad recogen a la gente
en las paradas y los llevan al
trabajo u otros lugares cercanos.
Los conductores siguen un **itinerario**
para asegurar estar a tiempo.

Los conductores de autobuses deben estar atentos a muchas cosas mientras conducen. Deben seguir las señales de tránsito y ver lo que otros conductores hacen. Deben **monitorear** las condiciones del tráfico y ser cautelosos con las construcciones en carreteras. También deben asegurarse de que los **pasajeros** se comporten o actúen correctamente.

Una vez que los pasajeros han llegado a su **destino**, ¡comienza una nueva ruta! El número de viajes que un conductor de autobús realiza cada día depende de la distancia de la ruta y el tiempo que se tarda en conducirla. Algunos conductores tienen diferentes rutas a lo largo del día. Otros conducen la misma ruta muchas veces.

Rutas especiales

Un conductor de autobús escolar también realiza rutas especiales. Pueden llevar a los estudiantes a una excursión divertida, o llevar al equipo de fútbol a un juego en otra escuela al finalizar el día escolar. ¡Los conductores se preparan para estas rutas revisando las direcciones para saber cómo llegar!

BLACK CREEK PIONEER VILLAGE
A Heritage Project of the Metropolitan Toronto and Region Conservation Authority

Exit

STOP

Al final del día

Hay algunas cosas que un conductor de autobús debe hacer antes de terminar su día, como limpiar el autobús y llenar el tanque de gasolina para el día siguiente. Cerrar las ventanas y terminar cualquier documentación pendiente. Por último, deben cerrar el autobús para mantenerlo seguro durante la noche.

Un día ocupado

Ayudar a la gente a llegar
a su destino es muy importante.
Ser conductor de autobús
es un trabajo importante dentro
de una comunidad. Ya sea que
estén conduciendo un autobús
escolar o un autobús de la ciudad,
cada conductor ayuda a mantener
a sus pasajeros seguros y felices
mientras conduce su ruta.

GLOSARIO

destino: el lugar al que alguien se dirige.

inspeccionar: revisar con cuidado algo.

itinerario: una lista de las horas en que los trenes, aviones o autobuses saldrán.

monitorear: observar con cuidado.

pasajero: alguien que viaja en un avión, en un automóvil, o en un autobús.

puntual: en el momento correcto.

responsabilidad: algo de lo que una persona está a cargo.

ruta: un trayecto que la gente recorre.

PARA MÁS INFORMACIÓN

LIBROS

Park, Barbara. *Junie B. Jones and the Stupid Smelly Bus.* New York, NY: Random House, 2012.

Thomas, Penny M. *Nimoshom and His Bus.* Winnipeg, MB, Canada: HighWater Press, 2017.

SITIOS DE INTERNET

The Magic School Bus Games and Activities
scholastic.com/magicschoolbus/games/index.htm
Este sitio tiene juegos divertidos y actividades relacionadas con la serie de libros Magic School Bus.

Staying Safe in the Car and on the Bus
kidshealth.org/en/kids/car-safety.html
En este sitio aprenderás sobre cómo mantenerte seguro en un autobús escolar.

Nota del editor a los educadores y padres: nuestro personal especializado ha revisado cuidadosamente estos sitios de Internet para asegurarse de que son apropiados para los estudiantes. Sin embargo, muchos de ellos cambian con frecuencia, por lo que no podemos garantizar que contenidos que se suban a esas páginas posteriormente cumplan con nuestros estándares de calidad y valor educativo. Les recomendamos que hagan un seguimiento a los estudiantes cuando accedan a Internet.

ÍNDICE